Biljana Popovic

AF665674

Hundert Leben
Eine Kurzgeschichte

Biljana Popovic

Hundert Leben

Eine Kurzgeschichte

Rediroma-Verlag

Bibliografische Information der Deutschen Nationalbibliothek:
Die Deutsche Nationalbibliothek verzeichnet diese Publikation in der Deutschen Nationalbibliografie; detaillierte bibliografische Daten sind im Internet über http://portal.dnb.de abrufbar.

Inspiriert durch Émile Coués
„Selbstbeherrschung durch bewusste Autosuggestion"

ISBN 978-3-98885-142-0

www.rediroma-verlag.de
7,95 Euro (D)

„Die meisten Menschen sind so vertieft in die Betrachtung der Außenwelt, dass sie völlig vergessen, was in ihrem Inneren vor sich geht.“

Nikola Tesla

Für alle Träumer.

Inhalt

Vorwort

Du lernst jeden Tag, verfolgst deine Ziele und setzt alles auf deine kostbaren Hoffnungen. Und wenn du dein Ziel erreichst, machst du weiter, als hättest du hundert Leben. Du triffst Entscheidungen, die deine Zukunft verändern. Du glaubst an ihre Bedeutung, aber letztendlich kann es sein, dass du nicht diejenige bist, die einen Einfluss darauf hat. Das Universum wirft die Würfel für dich, während du nur geringfügigen Einfluss ausüben kannst. Egal, wie sehr du dich bemühst und dein Bestes gibst, es bleibt immer das Gefühl, dass noch etwas tief in dir verborgen ist. Es schlummert und wartet darauf, an die Oberfläche zu gelangen. Für manche Menschen ist das die Liebe, für andere ist es die ultimative Freiheit. Gesegnet sind diejenigen, die diese Welt erforschen und sich auf Entdeckungsreisen begeben. Sie erleben wahre Wunder. Wenn auch du jemand bist, der auf etwas wartet, dann gib nicht auf. Du besitzt bereits alles. Jetzt, in diesem Moment, manifestieren sich deine Träume, von denen du keine Ahnung hattest, dass du sie hattest. Keine Sorge. Alles, was in der Zukunft passieren muss, ist bereits geschehen. Auch wenn gerade keine rosafarbenen Blüten um dich herum erblühen, bist du dennoch auf dem richtigen Weg. Die Meisterwerke deines Lebens werden sich bald zeigen. Vertraue mit aller Kraft darauf. Ich bin Maya Sinclair, 41 Jahre alt und das ist meine Geschichte.

GEHEIMNISSE DER MENSCHHEIT

„Positiv denken“, sagte er und hielt inne. Seine schmalen Lippen schließen sich, und er erwartet gespannt den Blick seines Publikums. Seine runden, strahlenden blauen Augen sprühen vor Leidenschaft, während gleichzeitig eine Prise Gelassenheit in ihnen liegt. Aufrecht, doch bescheiden, fährt er in seinem orangefarbenen Poloshirt fort zu erzählen. Hinter seinem Rücken strahlt eine riesige Leinwand mit einem Sonnenuntergang über dem Ozean. ‘Der richtige Weg’ in schwarzen Buchstaben inszeniert das Bild in einer paradiesischen Atmosphäre. Es ist ein Symbol dafür, dass die Menschen von ihrem Weg angekommen sind. Die Scheinwerfer betonen jedes Wort auf seinem Gesicht, das er ausspricht.

Sein Name ist Dr. Julian Silver, und ich möchte nicht weiter in seiner Vergangenheit graben, außer dass er aus New York kommt und heute in der Kristallkuppel-Eishalle seine Rede hält, auf die er sich so lange sehnsüchtig vorbereitet hat.

„Ich weiß, das klingt total kitschig. Das habt ihr schon tausendmal von euren Eltern, Lehrern und Therapeuten gehört.“ Er lacht ironisch über sich selbst und wiederholt mit lauter Stimme: „Denk positiv.“

Das zahlreiche Publikum beginnt begeistert zu jubeln und klatscht in die Hände, während er sie verblüfft anschaut und ein paar Schritte nach vorne macht. Sein charismatisches Auftreten und seine Anziehungskraft sind einfach außergewöhnlich. Während ich diesen Text schreibe, ist er genau 45 Jahre alt.

Ich kenne ihn sehr gut, obwohl ich ihn noch nie aus der Nähe erlebt habe. Er war für mich ein Mysterium, ähnlich einem Magier, der plötzlich verschwindet und genauso unerwartet von irgendwo wieder auftaucht. Seine Wohnung muss riesig sein, um den hochpolierten Marmorboden so eindrucksvoll glänzen zu lassen. Seine schwarzen Hemden sind perfekt gebügelt, und seine Küche scheint nie benutzt zu werden. Nachts, wenn er versucht, einzuschlafen, hört er stundenlang Klangschalen von seinem Handy. Dabei starrt er an die weiße Decke und schmiedet geheimnisvolle Pläne für die gesamte Menschheit. Doch bis dahin hat er sie bereits verändert. Ich bin nur ein winziger Teil davon, von etwas, das bereits geschehen ist. Ich dachte, ich würde noch eine Chance bekommen, mein Leben so zu gestalten, wie ich es mir ausgemalt habe.

Julian hat das begriffen. Ein Leben reicht vielleicht nicht aus, um unsere Träume zu verwirklichen. Es ist so komplex, dass wir hundert Leben brauchen, um unser Leben maßzuschneidern. Also hat er sich etwas ausgedacht, um die Gesetze des Universums zu umgehen, und das alles ohne Tricks. Aber fangen wir einfach von vorne an.

SECHS MONATE VORHER

Rückwärtsübersetzung, Absprung, Doppel-Rittberger mit einer sauberen Landung auf der rechten 4-Millimeter-Außenkante des Schlittschuhs. Anschließend folgt ein eleganter Auslauf, geschwungene Bögen und schließlich, in einer langen himmlischen Pirouette, entspanne ich mich und spüre meinen Atem. Bald ist es vorbei. Zum Schluss ziehe ich einen Zirkel und gleite auf meinem rechten Knie, den Rücken gebeugt, in einer Pose. Mein weißes Kleid ist übersät mit feinen Kristallen, und ich trage einen traurigen, aber stolzen Gesichtsausdruck.

Meine Augen und Wangen strahlen vor Glitzer, auch wenn heute noch kein Wettkampf stattfindet. Heute ist eine Generalprobe, und ich genieße sie in vollen Zügen, als wäre dieser Moment alles, was ich gerade habe und brauche. Das Schminken ist ein Teil meines Rituals vor dem Sturm. Auch wenn die Musik von Forefathers laut erklingt, höre ich dennoch das Geräusch des Eises direkt unter meinen Schlittschuhen, und ich liebe diesen atemberaubenden Klang. Es ist wie Nahrung für meine Seele.

Ich blicke zur Decke und in diesem perfekten Zeitfluss hört die Musik plötzlich auf zu spielen, fast wie durch Magie. Ich verbeuge mich zweimal. Vor lauter Aufregung höre ich das Klatschen nicht von meinem Trainer. Ich sehe einen Mann vor der

Bande stehen, er schaut in meine Richtung und sein Blick ist eigenartig. Ohne es zu wollen, läuft mir ein Schauder den Rücken hinunter. Es ist seltsam, dass ein gut aussehender Mann an diesem Ort auftaucht und mich beim Training beobachtet. Er steht genau dort neben der Bank, wo meine Schlittschuh-Schoner und meine Jacke liegen. Im Handumdrehen bin ich schon bei ihm, und er macht ein paar Schritte zur Seite, damit ich vorbeikommen kann. Dabei riskiere ich einen Blick zu ihm, und er hält den Blickkontakt länger, was erneut einen Schauder über meinen Rücken jagt. Eilig lasse ich mich auf der Bank nieder und nehme mir genügend Zeit, um meine Schoner anzuziehen. Gelegentlich werfe ich einen Blick zu dem mysteriösen Mann und bemerke erst jetzt, dass er in Begleitung eines deutlich kleineren Mannes ist. Die beiden sprechen so laut, dass ich jedes Wort hören kann.

„Ich sage dir, das hier ist der perfekte Ort. Über der Eisfläche wird ein spezieller Boden ausgelegt. Die Bühne befindet sich genau in der Mitte des Eises. Jeder Zuschauer kann deine Show perfekt sehen. Mit Musik, Scheinwerfern und allem Drum und Dran wird das großartig aussehen“, sagt der kleinere Mann, und die Hauptfigur meiner Perspektive nickt nur höflich. Er trägt eine braune Lederjacke und ähnelt meinem Ex-Freund. Ich könnte mich jetzt selbst ohrfeigen. Ich habe mir geschworen, nie wieder einen Gedanken an diesen Idioten zu verschwenden. Ich bin eine verheiratete Frau und habe zwei Kinder.

Ich habe einen Code geknackt, um hier zu stehen, wo ich gerade bin. Aber das reicht nicht aus. Es fehlen noch einige Passwörter, die mein Leben vervollständigen könnten. Ich habe sie immer noch nicht geknackt. Ich hoffe, dass ich noch Zeit habe bis dahin. Deshalb analysiere ich diesen Mann vor mir und stelle mir etwas vor, das nicht definierbar ist. Ein mulmiges Gefühl schleicht sich einfach in mir ein. Schweren Herzens verabschiede ich mich innerlich von diesem Kerl und gehe zur Umkleidekabine. Als ich nach draußen gehe, fallen mir riesige Plakate eines männlichen Porträts auf den Fenstern der Eishalle auf. Ich trete näher und erkenne den Mann, der gerade noch vor mir gestanden und meine Kür beobachtet hat. Mein Herz macht einen Sprung, als ich das Datum der Show sehe: 13. November 2023. Und ich will ihn unbedingt kennenlernen. Gerade kommt eine Nachricht auf meinem Handy an. Ich blickte auf den Bildschirm und schluckte schwer: Mein Ehemann: „Wo steckst du? Die Gäste kommen! Beeil dich, verdammte Kuh.“

SITZUNG

Ich wusste nicht, was ich mir dabei gedacht hatte, dass ich einen so langen Weg auf mich genommen hatte, um eine Sitzung mit diesem Doktor-Guru zu machen. Es musste pure Verzweiflung gewesen sein, sonst nichts. Noch enttäuschender war es, in einem kleinen Warteraum zu sitzen, mit einer jungen Frau, die mich ständig anlächelte, und einem sehr ernsten Mann in Militäruniform. Ich hatte meinen Mann schlichtweg belogen, dass ich nur einen Wellnesstag mit meiner Freundin in einem Hotel in Nürnberg verbringen würde. Die Wahrheit war, dass ich das auch tatsächlich vorhatte, allerdings erst nach der Sitzung. Wenn ich gewusst hätte, dass ich so ein schlechtes Gewissen haben würde, dann hätte ich meine Pläne sicherlich überdenken können. Ich spielte schon mit dem Gedanken, wieder zu gehen, bis eine junge Frau mit einer großen Brille meinen Namen rief.

‚Was, wenn mir hier irgendwelche Gehirnwäsche verpasst wird', machte mir Sorgen, aber meine Neugier war größer als die Angst. Die Bewertungen auf Google waren seltsam: ‚Ich bekam sofort einen Termin und schon am nächsten Tag hatte sich mein Leben verändert.' Eine andere schrieb: ‚Das muss man selbst erleben. Ich habe keine Worte für das, was ich in den letzten Wochen erlebt habe. Ich ziehe einen Stern ab, weil ich zu Beginn der Therapie sehr überfordert war und niemand darauf geachtet hat, ob ich bereit bin für die Erfahrungen, die ich mit nach Hause nehmen werde.‘

Ich las über all die Bewertungen hinweg, und mir stockte der Atem, als ich diesen Satz las:

‚ICH HABE ES ÜBERLEBT.‘

Doch niemand – wirklich niemand – schrieb, worum es eigentlich wirklich ging. Und so war ich an diesem Tag weit weg von meinem Zuhause, ohne zu ahnen, dass ich bald Lichtjahre reisen würde. Ich folgte der Dame mit schweren Schritten bis zu einer hölzernen Tür. Mein Herz schlug bis zum Hals, als sie die Tür öffnete. Ein kleines, ordentliches Zimmer mit einem schrill gemusterten Teppichboden sah ich zuerst, und dann wanderte mein neugieriger Blick über den massiven, außergewöhnlich ordentlichen Arbeitstisch, an dem dieser Mann saß. Mir war jetzt egal, wie attraktiv er war; ich wollte nichts mehr von ihm.

Aber statt sofort hinauszugehen, blieb ich trotzdem hier. Dann jedoch sah ich in seine Augen, und all mein Kummer war vergessen. Sein Blick war so offen, dass ich ihm ganz und voll vertraute.

„Setzen Sie sich bitte“, sagte er und deutete mit einer Handbewegung auf die Stühle.

Ich musste schnell zwischen dem linken und dem rechten Stuhl wählen. Ich nahm Platz und ließ meinen Blick über die vielen Diplome, Glückwünsche und Zertifikate schweifen, die an der Wand hingen. Sehr beeindruckend, dachte ich. Es scheint, als müsse ich mir keine Sorgen machen. Alles wird gut. Jedoch waren keine Familienfotos zu sehen, weder auf seinem Tisch noch an der Wand. Das bewies, dass er noch nicht verheiratet war.

„Wie kann ich Ihnen helfen?“

Oh, mein Gott, wie ich diesen Satz hasse. Er müsste doch selbst wissen, warum ich hier bin. Als hätte er meine Gedanken gelesen, fügte er hinzu: „Ihnen fehlt etwas im Leben?“ Dann nahm er ein großes Buch aus seinem Bücherschrank und blätterte hastig darin, als ob er bereits eine Diagnose für mich festlegen würde.

„Bitte nennen Sie mich Julian“, sagte er unvermittelt, obwohl ich ihn überhaupt nicht nach seinem Namen gefragt hatte. Er unterbrach nur meine Gedanken, denn ich wusste nicht, was ich eigentlich wollte. In Sekundenschnelle überflog ich mein Leben, fand aber nichts Konkretes. Nicht mal ein Problem, das ich lösen müsste. Ich rauche nicht, ich trinke nicht – mein einziges Vergehen ist falsches Parken. Und ich fand diesen Mann attraktiv, was mir nun große Sorgen bereitete. Ich war nicht bereit, mich in die Irre führen zu lassen. Aber was solls, ich bin sowieso eine sehr langweilige Person, dachte ich, zumindest behauptet das mein Ehemann.

Und dann entspannte ich mich ein wenig.

„Ich habe alles in meinem Leben erreicht. Das macht mir Angst“, sagte ich schließlich und atmete aus. Das war sehr gut, dachte ich.

Er hob seine Augenbrauen und richtete seinen Blick auf mich. Und dann setzte ich noch eins drauf: „Ich habe alles erreicht, was ich wollte, nur nicht das, wonach ich gesucht habe.“

Erleichtert klappte er sein Buch zu und lächelte halb. „Ich wusste es. Ein Klassiker. Ich sehe, Maya, dass Sie die rechte Seite bevorzugen. Sie sind geboren, um zu fliegen.“ Dann lehnte er sich zurück in seinen Sitz und betrachtete mich nachdenklich. „Bist du bereit, herauszufinden, warum wir immer das bekommen, was wir uns nicht ausgesucht haben?“

Ich dachte nach und nickte dann, obwohl ich mir nicht so sicher war. Aber was solls, was kann noch schiefgehen? Doch bevor ich weiterdenken konnte, unterbrach er meine Gedanken: „Oder noch besser – möchtest du das bekommen, wonach du suchst?“

Aber ich schwieg ernst.

„Natürlich“, fügte er mit einem Kopfschütteln hinzu. „Das ist unsere größte Angst. Das zu haben, was wir wirklich wollen, was wir brauchen, es zu wagen, uns das zu nehmen, was für uns sehr wertvoll ist.“ Er klopfte auf den Tisch und schwankte auf seinem Stuhl. Dann beugte er sich darüber und sagte mit einem geheimnisvollen Tonfall: „„Wir beginnen sofort mit der Therapie. Du musst nicht mehr zu mir kommen. Wir machen es online.“

Ein Hoffnungsschimmer erfüllte mein Herz, und ich formte meine Lippen zu einem müden Lächeln. Ich wusste nicht, dass das Letzte, was er sagte, reine Höflichkeit und Ironie waren.

DIE REISE

Meine Lehrerin verteilte die Matheergebnisse in der Klasse und meine Augen wurden feucht vor Trauer und Enttäuschung. Ich wusste bereits, was mich erwartete und so saß ich hilflos an meinem Platz und wartete darauf, dass sich bald alle Köpfe zu mir drehen würden. Ich versuchte, meine Emotionen in Schach zu halten, aber je mehr ich mich anstrengte, desto mehr übermannten mich die Gefühle. Die ersten Tränen hinterließen glänzende Spuren auf meinen heißen Wangen. Als ich an die Reihe kam, blickte sie mich streng an, sagte aber nichts. Ich nahm meine Arbeit entgegen und steckte sie in meine Tasche.

„Maya, was ist mit dir los?“, fragte sie, als alle anderen Schüler die Klasse verlassen hatten. Dann fügte sie hinzu: „In den letzten Tagen hast du dich enorm verbessert. Und jetzt das. Eine Sechs. Wie konnte so etwas passieren?“

Aber ich schwieg. Sie würde mir sowieso niemals glauben. Doch ich hatte begonnen, die Welt aus einer anderen Perspektive zu betrachten. Für einen kurzen Moment war ich die Beste in der Klasse gewesen. Aber irgendwie fehlte mir die ganze Zeit etwas. Dieser neue Blickwinkel sagte mir, dass wir nicht immer die Besten sein müssen. Manchmal dürfen wir auch richtig fallen, egal, wie sehr es schmerzt. An dem Tag, als ich den Mathetest schrieb, hatte ich vielleicht übertrieben. Aber es war auch ein tröstliches Gefühl, sich von dem Druck zu befreien. Ich hoffte, ich hatte das Richtige getan.

*

Ich betrachtete diesen schwarzen Lederkoffer und wagte es nicht, ihn zu öffnen. Ich würde wohl nie bereit sein für das, was kommen würde. Aber so war nun einmal das Leben. Von klein auf bis zum Erwachsenenalter müssen wir alle Veränderungen selbst meistern. Niemand fragt uns, ob wir dazu in der Lage sein wollen oder können. Wir durchlaufen alles: das Erwachsenwerden, den Schulbesuch, Gründung einer Familie, die Notwendigkeit zu arbeiten und ein Leben lang zu lernen. Wir kümmern uns um unsere Gesundheit, um Krankheit, Armut, Reichtum, gehen in den Ruhestand und leben in dieser Gesellschaft.

„Ich schaffe das“, flüsterte ich schwach und drückte den Öffner, als ob sich darin eine Bombe befände. Insgesamt lagen sieben CDs ordentlich sortiert im Koffer, nebeneinander angeordnet mit einem goldenen Umschlag am Rand des Koffers. Mit zittrigen Händen entnahm ich ihn und faltete den Brief glatt. In feiner Handschrift war ein Text geschrieben, und ich begann zu lesen:

Liebe Maya, bitte denke daran, dass du alle Sitzungen bis zum Ende durchführen musst. Wenn du die Tasche öffnest, gibt es kein Zurück mehr. Warum diese Regel? Das wirst du selbst herausfinden müssen. Ich wünsche dir eine erfolgreiche Heilung und bis bald.

Liebe Grüße,
Dr. Julian Silver

Schweißperlen bildeten sich auf meiner Stirn. Ich dachte an nichts mehr, während ich mit zittrigen Händen versuchte, die erste CD herauszuholen. Ich steckte sie in einen Walkman, der in der Mitte zwischen diesen Platten lag und fragte mich, woher er diese veraltete Technik hatte. Mein Mann war beruflich unterwegs, also begab ich mich in mein Schlafzimmer, um diese Dinger auszuprobieren.

„Das kriege ich schon hin", redete ich mir selbst zu, nahm die Kopfhörer, schaltete das Gerät ein und legte mich gemütlich in meinem Bett hin, bevor ich die Augen schloss. Eine beruhigende Musik aus Klavier, Violine und anderen Instrumenten, die ich nicht identifizieren konnte, erfüllte meine Sinne, und ich schlief sehr schnell ein. Ich erinnere mich noch daran, wie mein Körper sich federleicht anfühlte und ich mit enormer Geschwindigkeit durch mein Bett in die Tiefe zu stürzen schien, als wäre mein Schlafzimmer ein Aufzug.

Danach erinnere ich mich an nichts mehr, bis ich irgendwann aufwachte. Aber bis heute weiß ich nicht, ob das alles ein Traum war. Ich fand es merkwürdig, dass es in meinem gemütlichen Bett kälter als gewöhnlich war und es auch nicht mehr so bequem schien. Die Spitze meiner Nase fühlte sich eiskalt an, und ich riss meine Augen auf. Das Zimmer, das mir vertraut schien, erschien mir wie in einem Traum. Es dauerte eine Weile, bis ich mich orientieren konnte, und ich wartete nur darauf, aufzuwachen – vergeblich. Gefangen in meinem ehemaligen Kinderzimmer begann ich, mir die Augen zu reiben. Aber egal, wie sehr ich mich anstrengte, ich war immer noch dort. Als ich aus dem Bett sprang, stürmte meine Mutter in mein Zimmer, ohne zu klopfen. „Guten Morgen, Liebes! Zeit zum Aufstehen und beeil dich, sonst kommst du zu spät in die Schule“, sagte sie fröhlich und verließ das Zimmer.

Ich habe schon oft davon geträumt, in der Schule zu sein, aber das hat alle meine Träume übertroffen. Es schien, als hätte ich keine Kontrolle mehr über mein Leben oder über etwas, das ich nicht gut kenne. Ich blickte auf das Tom-Cruise-Poster an der Wand und konzentrierte mich auf die Knöpfe seines Revers. Sehr realistisch, dass ich Angst bekomme. Sehr merkwürdig für einen Traum. Auf meinem Arbeitstisch lagen mein Mathebuch, ein Milchglas mit meinen bunten Stiften und eine goldene Kette mit einem Herzanhänger. Viel zu viele Details für eine

Vision – das musste Realität sein. Aber wie war ich hierhergekommen? Ich schaute in den Spiegelschrank und bekam Gänsehaut. Mein Gesicht sah so jung aus, ohne Falten um die Augen herum. Meine Wangen hatten eine zarte Röte, als käme ich gerade von einem winterlichen Spaziergang. Mein Blick wanderte zurück zum Schreibtisch, und ich sah einen Kalender. Ich erinnerte mich gut daran, wie ich jeden Tag nach der Schule ein Datum im Kalender durchgestrichen hatte – so, als ob die Tage schneller vergehen würden.

Was für eine Ironie. Was hat man davon, wenn man die Zeit beschleunigt? Nichts außer irgendwann mehr Falten im Gesicht, einen Ehemann und zwei Kinder. Hat man keine Fantasie mehr für die Gestaltung der Zukunft, keine Erwartungen oder Ziele? Alles ist irgendwie mittelmäßig, aber immer geradlinig.

Ich beugte mich über meinen Tisch und stellte fest, dass heute der 4. Juni 1998 war. Statt in Panik zu verfallen, wie es üblich war, wenn die Situation nicht mehr in meiner Macht lag, setzte ich mich auf meinen Stuhl und überlegte ernsthaft, ob ich jetzt wirklich zur Schule gehen sollte.

STERNENFLUSS

An diesem Morgen hatte ich keine Zeit zum Nachdenken. Meine Gedanken waren getrübt vom Schock, den ich so schnell wie möglich verarbeiten musste. Ich holte Jeans aus meinem Schrank; Gott sei Dank hatte ich noch einen schlichten schwarzen Pullover, den ich hastig über den Kopf zog. Es sah kalt draußen aus, wie die vergangenen Jahre damals um diese Jahreszeit – kalt und regnerisch. Sommer schien hier kaum vorzukommen. Ich hatte keine Lust, mit veralteter Mode herumzulaufen. Ich schnappte mir meine Fila-Tasche und kam die Treppe hinunter in die kleine Küche neben dem Wohnzimmer.

Als ich meine Mutter dort sah, so jung und kräftig, überkam mich ein seltsames Gefühl – eine Mischung aus Unsicherheit und Ohnmacht. Ich wusste nicht, ob sie wirklich meine Mutter war. Ich musterte sie aus jedem Blickwinkel, nahm jede ihrer Bewegungen wahr. In ihrem Sommerkleid bereitete sie gut gelaunt Kaffee zu und schien sich offensichtlich über den neuen Tag zu freuen.

„Guten Morgen, Schatz! Gut geschlafen?“, fragte sie und blickte kurz zu mir, bevor sie ihren Becher nahm.

Ich blinzelte vor Aufregung und versunken in meinen Gedanken dachte ich über mein

Erwachsenenleben nach und wie sich das Leben über Nacht verändern kann.

„Ja, kann man wohl sagen“, antwortete ich und nickte leicht mit dem Kopf.

„Du hast bald Mathe-Test. Am besten nimmst du Nachhilfe bei Sonja. Du wirkst immer abwesend vor den Prüfungen“, bemerkte sie, nahm zwei Kaffeebecher und setzte sich auf einen Stuhl. Ein winziger Sonnenstrahl glänzte nun auf den langen braunen Locken meiner Mutter, und ich bewunderte ihre ganze Schönheit.

„Schatz, geht es dir gut? Komm, setz dich zu mir.“ Mühsam setzte ich mich auf den Stuhl und betrachtete sorgfältig die Küche. Ich versuchte, mich an die Details zu erinnern, aber es fühlte sich an, als hätte sich vieles verändert. Die Filterkaffeemaschine stand um die Ecke vom Küchentisch, ein weißer Herd daneben und viele Urlaubsmagnete schmückten den kleinen Kühlschrank um die Ecke. Nur ich schien hier fehl am Platz zu sein. Das Gefühl, nicht dazuzugehören, hatte mich schon immer begleitet, egal, wo ich war. Aber ich hatte jetzt die Chance, neu anzufangen und mein Leben noch einmal zu gestalten. Doch wie lange würde das alles dauern? Ich dachte an meine Kinder, und ein Kloß bildete sich in meiner Kehle.

„Mama, ich glaube, mir geht es heute nicht gut. Ich bleibe zu Hause“, sagte ich mit meiner piepsigen Stimme.

„Hast du Fieber?“, fragte sie und berührte sanft meine Stirn.

„Ich glaube, nicht, aber ich fühle mich irgendwie schwach.“ Ich nahm einen Schluck Kaffee. Ich hatte in meinem Leben schon so oft geträumt, dass ich in der Schule war. Und jetzt war dieser Traum wahr geworden. Ich wünschte mir später, dass ich viel mehr hätte lernen sollen. Ich hatte versucht, etwas aus meinem Leben zu machen. Ich erinnerte mich gut daran, wie ich im September dieses Jahres mit dem Eiskunstlauf begonnen habe. Ich war zuvor traurig und am Ende meiner Kräfte gewesen. Später hatte ich eine Ausbildung als Rettungsschwimmerin absolviert und danach als Arzthelferin gearbeitet, als ich geheiratet hatte. Ich ging jedoch nie wieder arbeiten. Am Ende fehlte mir die Kraft, meinen eigenen Weg zu gehen und das zu tun, wonach ich wirklich suchte. Um ohne Arbeit zufrieden zu sein, muss der Partner sehr gut verdienen. Das allein reicht aber nicht. Um zufrieden zu sein, muss der Partner auch sehr liebevoll sein. Erst dann ist alles gut. Doch die Gesellschaft, in der wir leben, ist von einer narzisstischen Natur geprägt. Im Laufe der Jahre hatte ich einiges bereut, aber als die Kinder auf die Welt kamen, schien alles perfekt zu sein. Jetzt waren die Kinder erwachsen und ich stand immer noch an derselben Stelle.

So saß ich heute Morgen in der Küche mit meiner Mutter und traf Entscheidungen, die mein Leben verändern sollten. Neue Erkenntnisse kamen dazu und jeder Gedanke warf neue Fragen auf. Wie lange würde ich wohl hierbleiben? Hatte ich überhaupt einen freien Willen? Konnte man Zeit biegen? Und die Frage aller Fragen lautete: Konnte man die Zukunft wirklich verändern? Wenn ja, dann würde ich meinen zweiten Weg gehen – erfolgreicher, abenteuerlicher – ich würde einfach nach dem Sternenfluss greifen.

Meine Augen wurden schmal und begannen so leidenschaftlich zu leuchten, dass es mich erschreckte. So sehr, dass ich den Boden unter meinen Füßen nicht mehr zu spüren schien. „Mama, hast du noch Sonjas Telefonnummer? Ich brauche Nachhilfe“, fragte ich sie voller Enthusiasmus, und das Gesicht meiner Mutter hellte sich augenblicklich auf. „Natürlich, Schatz.“

„Ich möchte etwas lernen“, sagte ich und begann, die Küche aufzuräumen. Dann nahm ich den Orangensaft und schenkte mir ein Glas ein. Ein leerer Tetrapack blieb übrig, und ich überlegte kurz. „Wo ist der Gelbe Sack?“

„Gelber was?“, fragte sie irritiert und strich sich über das Haar, immer noch auf dem Stuhl sitzend.

„Das ist 1998, damals haben die Menschen angefangen, Müll zu sortieren“, antwortete ich, während ich immer noch nach den Säcken suchte.

„Damals?“, fragte sie verblüfft.

VERSCHWUNDENE REALITÄT

Die schrille Melodie meines Weckers zerriss die Stille der Morgendämmerung und riss mich unsanft aus meinem Schlaf. Ungeschickt schaltete ich ihn aus und grübelte über meinen Traum nach. Wann hatte ich diese Bettwäsche gekauft, fragte ich mich immer noch verschlafen. Welch ein Traum, dass ich mein Jura-Studium abgeschlossen hatte. Ich kuschelte mich gemütlich in mein Bett, während ich darüber nachdachte. Mein Mann zog sich die Decke über den Kopf und versuchte weiterzuschlafen, obwohl sein Wecker in zehn Minuten klingeln würde. Erst jetzt bemerkte ich auf dem Bildschirm meines Weckers, dass es noch viel zu früh zum Aufstehen war. Die Schule war um die Ecke und normalerweise stand ich um 6.50 Uhr auf, doch jetzt war es gerade sechs Uhr. Das ist seltsam. Ich hatte heute keine Termine. Möglicherweise hatte ich einen Fehler gemacht, aber weiter schlafen konnte ich nicht mehr.

Ich stand auf und ging in Richtung Küche, um Wasser zu trinken. Auf dem Weg dorthin warf ich einen Blick in den Flur. Wir hatten eine Fünf-Zimmer-Wohnung, was es mir erleichterte, für Ordnung zu sorgen. Bei einem Haus wäre das anders gewesen. Für zwei Kinder und zwei Erwachsene war diese Wohnung perfekt. Aber als ich einen Blick in den Flur warf, sah ich mehrere Gucci-Schuhe und eine Chanel-Tasche.

Verwirrt berührte ich die feinen Materialien und fragte mich, woher sie stammen könnten. Das könnte ich mir nie leisten.

Was hatte ich verpasst? Ein Gedanke schoss wie mit Lichtgeschwindigkeit durch meinen Kopf und mein Herz begann schneller zu schlagen. Mit schweren Schritten ging ich ins Kinderzimmer. Doch statt der Kinder erwartete mich dort ein Büro mit Schreibtisch, Bücherregal und einem Sessel. Ich schimpfte leise, sodass mich niemand hören konnte, und ging in das andere Zimmer. Auch dort waren die Kinder nicht zu finden. Der Raum war zu einer luxuriösen Umkleide umgestaltet worden, in der viele Designeranzüge ordentlich in offenen Schränken hingen. Oben befanden sich Luxustaschen, und ich hatte fast vergessen, dass ich gerade auf der Suche nach meinen Kindern war. Ich ging gedanklich zurück und erinnerte mich daran, dass ich Anwältin war. „Das kann doch nicht wahr sein, verdammt noch mal!“, rief ich entsetzt aus.

Verzweifelt rannte ich ins Schlafzimmer.

„Was ist denn schon wieder?“, fragte mein Mann, immer noch im Bett liegend. Er richtete sich auf und setzte sich an den Bettrand.

„Wo sind unsere Kinder?“, fragte ich und verschränkte die Hände vor der Brust. Wut strahlte aus meiner ganzen Präsenz. Er rieb sich die Augen, immer noch verschlafen, und setzte seine Brille vom Nachttisch auf. „Bist du komplett verrückt geworden? Ich habe dir doch gesagt, dass du weniger arbeiten musst!“, schrie er so laut, dass es die ganze Nachbarschaft hören konnte.

„Willst du etwa behaupten, dass wir keine Kinder haben?“, fragte ich erneut. Nun sah er mich so an, dass ich wirklich an meinem Verstand zu zweifeln begann. Mit übermenschlicher Kraft stand ich einfach da und versuchte, mich zu erinnern. Und das schaffte ich tatsächlich. „Natürlich. Ich bin jetzt Anwältin. Wie konnte ich das vergessen? Das war kein Traum. Ich habe wirklich studiert.“ Ich lachte laut, um nicht in Hysterie zu verfallen. Ich war nur knapp am Rande des Wahnsinns. Mein Mann beobachtete mich nur still, besorgt, und gelegentlich schüttelte er den Kopf, ohne sich von der Stelle zu rühren. Ich erzählte weiter, gestikulierte wild mit den Händen und ging durch das Zimmer. „Wir haben geheiratet und keine Kinder bekommen. Natürlich. Ist das so?“, fragte ich ihn.

Aber statt mich zu trösten, mich in den Arm zu nehmen und zu sagen ‘alles wird gut’, sah er aus, als ob er selbst Hilfe bräuchte. Nicht das kleinste Anzeichen von Mitgefühl fand ich in seinen Augen.

„Was habe ich nur aus meinem Leben gemacht?“, ging es mir durch den Kopf. Leise bewegte ich mich noch einmal in der Umkleide. Es hatte sicher etwas mit diesem Julian zu tun. An ihn konnte ich mich auch erinnern. Und an meine Kinder, mein altes und neues Leben. Wie ist das möglich?

„Ich habe zwei Leben. Natürlich! Ganz einfach“, murmelte ich vor mich hin, während ich in einer Vitrine wühlte. Vorher schloss ich die Tür. Mein Mann durfte nicht wissen, was ich gerade machte.

Schnell tastete ich den Koffer ab. Ich holte ihn heraus und öffnete ihn. Fünf CDs waren noch drin. „Was, nur noch fünf? Zwei habe ich schon verbraucht. Wie kann ich mein Leben jetzt in Ordnung bringen, wenn ich nur noch fünf Versuche habe? So ein Mist!“, schimpfte ich verzweifelt.

Schnell musste ich entscheiden, ob ich noch einen Versuch verbrauchen oder tatsächlich zur Arbeit gehen sollte. Ich schloss meine Augen und betete innerlich. Dann klappte ich den Koffer zu und schaute auf die Uhr.

„Ich komme noch zu spät, wenn ich so lange nachdenken muss.“

Ich wählte eine weiße Bluse mit einer Schleife am Kragen aus dem Schrank und einen knielangen Rock zum Anziehen. Mit einem roten Lippenstift malte ich meine Lippen nach und machte mich auf den Weg zur Arbeit. Meine Brust fühlte sich schwer an, als ich im Auto unterwegs war. Aber als ich in meinem Büro ankam, überkam mich ein Gefühl, das ich so etwas noch nie zuvor in meinem Leben erlebt hatte. Ich hatte mich oft gefragt, wie es ist, einen so verantwortungsvollen Job zu haben. Jetzt wusste ich es. Es war faszinierend und gleichzeitig einschüchternd, atemberaubend. An diesem Tag war ich eine verdammt gute Anwältin. Ich nutzte all meine Fähigkeiten und setzte alles, was ich gelernt hatte, für die Gerechtigkeit ein. Es war ein erfüllender Zustand, und ich konnte mich leicht an mein neues Leben gewöhnen. Aber es fehlte noch etwas. Als ich am Abend nach Hause kam, entschied ich, dass dieser Tag nur eine Momentaufnahme war, ein Bild aus einer verschwundenen Realität.

LIEBE

Ich riss die Augen auf und wartete darauf, nach dem Erwachen endlich zu erkennen, in welchem Moment ich heute angekommen war. Was konnte ich heute ändern? Wie würde mein weiterer Lebensweg aussehen? Ich fand mich in meinem Kinderzimmer wieder und atmete erleichtert aus. Alles schien in Ordnung zu sein. Ich warf meine Decke zur Seite, sprang auf und beugte mich über meinen Schreibtisch, um das heutige Datum zu erfahren. Heute war der 17. Juli 1998. Von nun an sollte alles nach Plan verlaufen. Immerhin war ein Monat seit Beginn meiner Zeitreise vergangen. Ich schlüpfte in meinen schwarzen Puma-Jogginganzug und ging in die Küche.

Meine Mutter saß am Küchentisch und las ein Buch: „Schatten der Vergangenheit“

„Guten Morgen! Was liest du da? Sieht interessant aus“, sagte ich und goss mir einen duftenden Kaffee in meiner lila Tasse, meiner Lieblingsfarbe, ein. Doch sie reagierte nicht darauf. Stattdessen schloss sie ihr Buch und biss sich auf die Lippen.

„Was ist los?“, fragte ich sie.

„Sonja hat angerufen. Du hast eine Sechs bekommen“, sprach sie ruhig und ihre Blicke waren voller Enttäuschung und Vorwürfe. Das traf mich unerwartet. Ich war nie darauf vorbereitet und würde es wohl auch nie sein. Sonja war ihre beste Freundin und gleichzeitig meine Lehrerin. Immer wenn etwas passierte, wusste meine Mutter Bescheid. „Ich verstehe nicht. Wochenlang warst du die Beste in der Klasse und jetzt lauter Sechsen? Kannst du mir bitte das erklären?“, fuhr sie fort, ihre Augen vor Wut weit aufgerissen.

Ich steckte mir ein Croissant in den Mund, um nicht sprechen zu müssen, und beugte mich leicht vor. Wie sollte ich das meiner Mutter erklären? Es war aufregend, die Beste zu sein, aber irgendwas fehlte mir die ganze Zeit.

„Ich weiß, dass ich mit der Sechs total übertrieben habe. Aber ich werde mich verbessern, das verspreche ich dir”, sagte ich, während ich einen weiteren Bissen nahm und einen Schluck Kaffee trank. Meine Mutter hatte mittlerweile die Hände verschränkt, ein Anzeichen dafür, dass sie wütend war.

„In Zukunft werde ich eher Dreien und manchmal Vieren bekommen. Mach dir keine Sorgen”, murmelte ich schließlich mit vollem Mund und blickte verstohlen zu ihr.

„Aber warum? Wenn du die Beste sein kannst, warum um alles in der Welt möchtest du dann Dreien bekommen?”

„Und gelegentlich Vieren”, zog ich den Satz in die Länge.

Sie verdrehte die Augen und schien aufstehen zu wollen, aber dann fiel ihr noch etwas ein. „Marko hat gestern Abend angerufen", sagte sie, als sie aufstand und begann, die Küche aufzuräumen.

Oh, ich hatte ihn total vergessen. Er war mein Ex-Freund. Eigentlich war er jetzt aktuell mein Freund. Ich stützte meinen müden Kopf ab. Das hatte mir gerade noch gefehlt. Er wohnte in Berlin, weit weg von hier, und wir führten eine Fernbeziehung. Wir hatten uns auf einer Party kennengelernt und seitdem waren wir eher beste Freunde als ein Liebespaar geworden. Damals hatte ich mich so sehr verliebt wie nie zuvor in meinem Leben. Wir hatten oft bis spät in die Nacht geredet und uns an jedem zweiten Wochenende getroffen. Mehr wurde nicht daraus.

Jetzt wollte er wissen, warum ich ihn nicht anrief, nicht auf seine Briefe antwortete. Aber seit meiner außergewöhnlichen Reise dachte ich, dass ich bereits alles verstand.

„Ich muss gehen. Hab einen schönen Tag", sagte ich zu meiner Mutter und küsste sie auf die Wange. Ich trat in die frische Morgenluft und atmete tief ein, voller Erwartungen, ohne zu wissen, dass ich immer noch im Unklaren war. Nichts war so, wie es schien.

25 Jahre davor – 07. September 1998

Während ich auf meinem Bett an meinem Kaugummi kaute und versuchte zu lernen, wurde es immer schwieriger, die menschlichen anatomischen Begriffe zu verstehen, egal wie sehr ich mich darauf konzentrierte. Das alles nur wegen meiner Verliebtheit. Ich verabscheute es, verliebt zu sein. Die Zeiten, in denen ich nicht verliebt war, waren die besten Phasen meines Lebens. Ich hatte mehr Energie, konnte alles besser verstehen und war wahrhaft frei. Diese Freiheit war unersetzlich – das Höchste an Freude in meinem Leben. Der Beginn einer neuen Liebe fühlte sich an Anfang wie ein Märchen.

Lebensfreude erfüllte mich, ich malte meine Zukunft in rosigen Farben aus. Doch irgendwann fand ich mich in einem tiefen Loch wieder und musste alleine wieder aufstehen. Das Leben geht weiter, egal, ob du präsent bist oder nicht. Es liegt in deiner Entscheidung. Meine Mutter klopfte an der Tür.

„Komm rein. Warum klopfst du an?“, fragte ich, ohne meinen Blick von den Büchern abzuwenden.

Sie öffnete die Tür und spähte durch den schmalen Spalt. „Woher wusstest du, dass ich es bin?”, sagte sie mit einem strahlenden Lächeln. „Marko hat angerufen”, fügte sie hinzu.

Ich sprang aus meinem Bett und rannte die Treppen hinunter, bis ich am Telefon war, glücklich darüber, seine Stimme zu hören. „Hallo Marko, ich habe mich so sehr auf deinen langersehnten Anruf gefreut. Wie geht es dir?"

Doch dann folgte eine längere Pause am anderen Ende der Leitung, und ich hörte nur seinen Atem.

Kurz darauf lehnte ich mich an die Vitrine, meine Beine konnten mich nicht mehr tragen. Ich hörte aufmerksam zu und nickte gelegentlich, als könnte er mich am anderen Ende der Leitung sehen. Ich stand dort allein, ein Bild des Elends. Ich war den Tränen nahe, während ich durch das kleine Fenster nach draußen schaute und den braunen Blättern folgte, die vom Wind getragen wurden. In diesem Moment versprach ich mir, nie wieder an diesem Ort zu stehen, an dem ich gerade war. Der Tag neigte sich dem Ende zu, genauso wie diese Geschichte. Doch morgen würde ein neuer Tag anbrechen, aber diese Episode war vollendet. Tief in Gedanken versunken ging ich in mein Zimmer und dachte über ein neues Hobby nach.

TRANSFORMATION

„Guten Morgen, Schlafmütze! Raus aus den Federn.” Die Stimme meines Mannes riss mich aus dem tiefen Schlaf. Doch anstatt meinen Mann anzusehen oder ihm einen guten Morgen zu wünschen, griff ich nach meinem Handy, um das heutige Datum zu überprüfen. Bevor ich jedoch das Telefon einschalten konnte, nahm er es mir aus der Hand. „Nein, heute kein Handy. Es ist dein freier Tag. Ich übernehme alles, damit du an deinem Meisterwerk arbeiten kannst. Später können wir essen gehen, mein Schatz”, sagte er liebevoll und deutete auf das Frühstückstablett, das auf meinem Bett lag. Doch meine Neugier über die Transformation meines Mannes überwog meine Neugier nach dem heutigen Datum.

Auf dem Tablett lagen zwei Croissants, eine Schüssel Erdbeermarmelade und Minztee, alles mit einer weißen Rose in einer Porzellanvase dekoriert.

„Am Morgen trinke ich keinen Tee”, sagte ich laut, doch er schüttelte nur den Kopf, als hätte er meine Worte nicht gehört. „Liebes, Kaffee ist jetzt nicht gut für dich“, sagte er und strich sanft über meinen Bauch. Mir wurde schwarz vor Augen. Voller Aufregung sprang ich aus dem Bett und rannte in ein Kinderzimmer. Die Tür stand offen, und ich sah ein zwei Jahre altes Kind in seinem Bettchen schlafen, eingehüllt in einen gestrickten Schlafsack mit Sternenhimmel. Die Wände waren mit blauer Tapete bedeckt, und Spielzeuge lagen überall im Zimmer verstreut. In Panik rannte ich in das zweite Kinderzimmer. Doch als ich dort die Tür öffnete, fand ich ein Atelier mit vielen Kunstwerken von Sonnenuntergängen und Landschaften, die den Raum und jede Ecke schmückten.

In der Mitte des Raumes befand sich ein unvollendetes Gemälde eines Sees, wunderschön dargestellt in einer herbstlichen Atmosphäre auf einer Öl-Leinwand.

Das war einer der schockierensten Momente der Zeit- und Realitätsverschiebung, denen ich bislang begegnet war. Plötzlich wurde mir sehr übel, und ich ging in Richtung Bad, um mich über der WC-Schüssel zu übergeben. Ich hörte die Schritte meines Mannes, der besorgt hinter mir herging. Ich erbrach mich, ohne die Kraft zu haben, daran zu denken, wie anstrengend eine Schwangerschaft in der Vergangenheit für mich gewesen war. Selbst die Liebe meines Mannes vermochte mich nicht aufzumuntern. Die Angst vor einer unerwarteten Wende in meinem Leben raubte mir den Atem. Die Panik, in diesem Lebensabschnitt zu versagen, war unerträglich.

Zeitsprung – 06.September 1998

Noch einmal drehte ich mich um, um sicherzustellen, dass ich alleine im Wohnzimmer war. Genüsslich wählte ich Markos Nummer und wartete darauf, dass er abhob. Es klingelte lange, und ich zögerte, aufzulegen. Ich begann, an meinen Nägeln zu kauen, und zählte innerlich die Sekunden.

„Hallo", erklang eine schwache Stimme am anderen Ende. Das war ungewöhnlich, denn seine Stimme war normalerweise voll und stark. Doch ich ließ mich nicht einschüchtern. Es war zehn Uhr morgens an einem Sonntag, und ich würde durchziehen, was ich mir vorgenommen hatte.

„Hallo Marko, es tut mir leid, dass ich dich so früh am Sonntag anrufe", begann ich und ging in Gedanken noch einmal alles durch, was ich sagen wollte.

„Aber, Maya, du kannst mich immer anrufen, wann du möchtest", antwortete er freundlich, was mich verunsicherte. Dennoch sprach ich weiter, aus Sorge, meinen Text zu vergessen.

„Ich habe lange über uns nachgedacht. So kann es nicht weitergehen." Mein Blick senkte sich und ich wünschte mir, einfach verschwinden zu können. Ich hatte meine Gefühle überschätzt. Es war viel schwieriger, das zu sagen, als ich gedacht hatte. „Wir sehen uns so selten. Ich denke, wir sollten getrennte Wege gehen."

Es folgte eine Pause, und ich schwöre, ich hörte einen kleinen Seufzer am anderen Ende der Leitung. Dann erklang eine traurige Stimme, ganz anders als die von Marko, den ich kannte. Dieser arrogante Mann, der die Beziehung beendete, ohne mir dabei in die Augen zu sehen. „Aber warum? Was habe ich falsch gemacht?", fragte er.

Flehend versuchte er mich umzustimmen und versetzte mich in tiefe Verzweiflung. Tatsächlich erwischte ich mich dabei, darüber nachzudenken, meine Entscheidung zu überdenken. Doch letztendlich entschied ich dagegen und war erstaunt über mein neues Selbstbewusstsein. Ich hatte noch vier Versuche und morgen würde ich einen weiteren Schritt wagen. Ich war sicher, dass ich das Richtige getan hatte. Immerhin war diese Episode kurz, aber äußerst schmerzhaft. Ich war gespannt auf mein nächstes Schicksal. Vielleicht würde die Zukunft nun ein wenig repariert werden.

GEBORENE KÜNSTLERIN

An diesem Tag musste ich mich mehrmals übergeben. Ich weinte ununterbrochen, ließ all meinen Schmerz heraus. Mein liebevoller Mann tröstete mich und blieb die ganze Zeit bei mir. Mit einem Arm hielt er unser Kind, mit dem anderen streichelte er sanft meinen Rücken. Ich konnte mich nicht an die neue Situation anpassen. Die Angst überwältigte mich, und ich überlegte ernsthaft, wie ich aus dieser Situation entfliehen konnte. Ich wusste, wo mein Koffer war, der in meiner Nähe sein musste. Ich hatte ihn immer in meinem Schrank versteckt gefunden. Ich musste nur auf den richtigen Moment warten und verschwinden. Das war einfach.

Ich wischte mir mit einem Taschentuch die Nase ab, während meine Tränen ununterbrochen bis auf meine Bluse mit dem hippen Muster flossen. Ich hatte einfach nicht mehr die Kraft für all das, aber ich musste es bis zum Ende durchstehen.

„Ich gehöre nicht hierher, verstehst du? Mein Leben ist ganz anders. Das hier ist nicht real. Es ist ein falsches Leben. Mein Leben ist falsch!“, schrie ich.

Doch in seinen Augen lag nur Mitgefühl und Geduld, was mir noch mehr Angst einjagte. Mein Körper zitterte vor Furcht.

„Mach dir keine Sorgen. Das sind nur die Hormone. Es wird alles gut werden“, sagte er schließlich und nahm mich in die Arme. Ich weinte so laut, wie ich konnte, und wiederholte: „Es wird nicht gut. Es wird niemals besser werden!“

Nach und nach beruhigte ich mich. Als ich keine Kraft mehr zum Weinen hatte, entspannte ich mich ein wenig. Er legte das Kind zwischen uns auf das Bett und legte sich dann ebenfalls hin.

Aus diesem Leben nahm ich die Ruhe und Leichtigkeit mit, auf die ich vorher nie Wert gelegt hatte. Kurze Zeit später, nachdem mein Mann dem Kind die Flasche gegeben hatte, wurde ich ungeduldig und begann erneut in Gedanken zu grübeln.

„Ich habe heute Lust auf eine gute Pizza. Könntest du einkaufen gehen?”, fragte ich meinen Mann.

Die Frage klang irgendwie abwegig, da mein Mann immer betont hatte, dass Hausarbeiten Frauensache seien. Natürlich ist das eine absurde Überzeugung. Egal, wie unabhängig, emanzipiert, stark und frech ich vor der Hochzeit war, mit der Zeit als verheiratete Frau akzeptierte ich langsam mein Schicksal. Ich wurde zu dieser Frau, die es gewohnt war, alle Hausarbeiten zu erledigen. Ich hatte keine Energie mehr für die Überzeugungen eines Mannes.

„Natürlich, mein Schatz. Ich bringe ihn zuerst ins Bettchen“”, sagte er mit seiner sanften Stimme und öffnete das Fenster.

Frische herbstliche Luft strömte in das Zimmer, und ich atmete tief ein. Ich setzte mich auf die Bettkante, während mein Kopf auf Hochtouren arbeitete. Wie lange würde ich wohl hierbleiben? Ich vermisste mein gewohntes Leben, meine Kinder.

„Nimm das Kind mit", sagte ich und blickte auf meine Füße, mich fragend, ob sie stark genug waren. Konnte ich meine Stärke hierher übertragen? Oder musste ich meine Eiskunstlauf-Fähigkeiten hier neu trainieren? Ich spürte, wie sein Gesicht ernst wurde, doch im nächsten Moment lächelte er halbherzig: „Meinst du Alex? Das schaffe ich schon. Ruhe dich schön aus, bis wir zurückkommen."

Anschließend ging er ins Kinderzimmer, um das Kind anzuziehen. Es dauerte nicht lange, und die beiden gingen nach draußen. Ich beobachtete sie durch das Fenster, wie er den Kinderwagen durch die Menschenmenge schob. Dies war eine lebendige kleine Stadt mit sauberer Luft, auch bekannt als grüne Stadt, wegen ihrer zahlreichen Wälder, Parks und Seen. Ich war glücklich, hierher gezogen zu sein, als ich geheiratet hatte. Erinnerungen an die Hochzeit kamen hoch. Unsere gesamte Familie, Freunde und Verwandten waren da, um mit uns zu feiern. Ich hatte große Erwartungen. Ich fühlte mich auf dem Höhepunkt meines Lebens. Doch Jahre später wurde er immer mürrischer und unzufriedener. Und ich fragte mich immer wieder: „Ist das alles?" Bis ich Julian traf. Ich hatte ein schlechtes Gewissen, die beiden einfach so nach draußen geschickt zu haben, aber ich hatte dringende Angelegenheiten zu erledigen. Ich schüttelte den Kopf, um mich zu konzentrieren.

Mit zittrigen Händen holte ich meinen Koffer aus dem Schrank, zusammen mit den verbleibenden zwei CDs. Es war nicht viel übrig für mein maßgeschneidertes Leben. Ich setzte mir die Kopfhörer auf und machte es mir auf meinem Bett bequem. Als ich versuchte, das Gerät einzuschalten, dachte ich an diese kleine Familie, als wäre ich nie Teil von ihr gewesen. Ich hielt kurz inne und sann über diese Variation meines Daseins nach. Ich fühlte mich wie eine Verräterin und bedauerte zutiefst dieses Experiment, oder was auch immer es war. Mein Blick schweifte über die Wände, die weißen Gardinen und den grauen Teppichboden. Alles war nach meinem Geschmack eingerichtet. Eine wahrhaft traumhafte Wohnung, erschaffen mit viel Licht und Liebe. Noch einmal wollte ich den Knopf drücken, aber noch einmal überlegte ich, ob ich das wirklich tun sollte.

Schließlich gab ich auf und eilte in mein Arbeitszimmer. Ich betrachtete das unvollendete Bild und fragte mich, ob ich es tatsächlich gemalt hatte. Es gab nur eine Möglichkeit, es herauszufinden. Ich nahm den Pinsel in die Hand und mischte die Nuancen von orange und braun. Plötzlich wusste ich, wie ich die Farben kombinieren und auf die Leinwand auftragen konnte. Wie durch ein Wunder begann meine Hand zu malen, als hätte ich mein ganzes Leben lang nur das gemacht. Nach kurzer Zeit hatte ich die zauberhafte Landschaft vervollständigt und bewunderte das Bild aus verschiedensten Blickwinkeln. Ich hatte es so schnell fertiggestellt, dass ich kaum Zeit hatte, mein neues Talent zu bestaunen. Es war, als wäre ich in dieses Leben hineingeboren, um zu malen. Ich fühlte mich zugehörig. Ich war so zufrieden, dass ich alles andere vergaß, vor allem, wie ich dorthin gelangt war.

SCHEINWERFER

Der zauberhafte Sonnenuntergang über einem See glitzerte unter den strahlenden Neonlichtern. Auf der Wasseroberfläche schwammen zahlreiche Lotusblätter mit ihren prächtigen lila Blüten, die überall in der Mitte verteilt waren. Ich vergaß zu atmen, als ich das gesamte Bild betrachtete. Ein Meisterwerk entfaltete sich vor meinen Augen, und ich grinste, an all die Menschen in meiner Vergangenheit denkend, die nicht an mich geglaubt hatten. Abschließend signierte ich die Landschaft mit einem winzigen Punkt neben meinen Initialen. Mein Leben schien in diesem Moment perfekt zu sein. Viel zu perfekt, sodass ich meinen Pinsel wütend gegen die Wand schleuderte. Alle Utensilien und Farben warf ich auf den Boden. Ich schrie und lief durch das Zimmer, als wollte ich einer höheren Macht zeigen, wie unzufrieden ich nun trotz allem war. Manchmal brauchen wir neue Blickwinkel und Perspektiven, um zum innersten Kern aller Dinge vorzudringen.

Manchmal brauchen wir nur Liebe und Verständnis. Am Abend gingen wir zu meinen Eltern zum Abendessen. Ich wollte meinen Vater noch einmal sehen, ein letztes Mal. Wir aßen im Kerzenlicht, und mein Vater war so gesund und kräftig, dass es mich sprachlos machte. Wie in Trance saß ich da und beobachtete jede seiner Bewegungen, hörte jedes seiner Worte. Wenn ich das doch nur getan hätte, als er noch lebte. Wir speisten Lammkoteletts mit Kartoffelpüree, Brokkoli und Kürbissuppe. Und spät in der Nacht genossen wir Vanilleeis mit Himbeersoße. Für einen kurzen Moment waren wir eine vollständige Familie.

Doch kurz vor Mitternacht wurde mir bewusst, dass ich neuen Herausforderungen gegenüberstehen musste. Immerhin wusste ich immer noch nicht, welches Leben für mich das richtige wäre. Während ich in dieser Nacht wie wild über meine Zukunft nachdachte, als wäre ich noch viel zu jung, hatte ich vergessen, eine Entscheidung zu treffen. Ich schlief mit Kopfhörern ein, ohne es zu merken. So oder so hatte ich nur noch einen Versuch. Sollte ich in diesem Moment scheitern, hatte ich noch eine Chance, mein Leben zu gestalten.

Ein Leben, geprägt von Erfolg und dennoch unerfüllten Träumen. Ich wollte das Unmögliche erschaffen, Fehler geradebiegen und mich am Ungewissen erfreuen. Irgendwann begann ich mich an alles zu erinnern: jede Begegnung, jeden Spaziergang, so viele ausgesprochene Worte und tief verborgene Geheimnisse. An all die Lieder, die ich gesungen und all die Tänze, die ich durchgetanzt hatte. Ich sah unzählige Bilder wie auf einer Leinwand, bewegend und hörte die Stimmen vieler Menschen – alles in einem und doch im Nichts.

Es war, als wäre es nur ein Wimpernschlag, in dem Moment, in dem ich mich an alles erinnern konnte. Eine Selbstverständlichkeit im Allwissen, vergraben und gehütet in einer Glühbirne. Sie implodierte und ihr Licht verblasste in Vergessenheit. Wie ich zurückkehrte, hatte ich leider vergessen, aber an alle meine Reisen konnte ich mich doch erinnern.

Was, wenn jemand mich vermisst hat?, ging mir durch den Kopf. Mit diesem Gedanken erwachte ich, meine Stirn mit Schweißperlen benetzt, und schaute auf mein Handy. Das Datum stimmte genau, die Zeit ebenfalls. Mein Mann schlief neben mir, zurück von seiner Geschäftsreise.

„Aber ich habe noch einen Versuch", flüsterte ich leise und stand auf, um nach meinem Koffer zu suchen. Ich durchwühlte meinen Schrank lange, doch die Tasche war nirgends zu finden. Ich griff erneut nach dem Handy auf dem Nachttisch. Meine Air-Pods waren noch da, und ich erinnerte mich an die Musik, die ich jeden Abend hörte. Doch da war kein Koffer, nur eine App von diesem Julian. Ich wollte mein Leben ändern, aber es schien, als wäre mein altes Leben mit all seinen Facetten immer noch präsent. Als hätte ich diese Sitzung nie gehabt. Als wäre die Therapie nie gewesen.

Mein Mann drehte sich zur Seite und murmelte leise vor sich hin. Ich bemühte mich nicht, ihn zu verstehen, und ignorierte ihn, bis mir auffiel, dass heute mein Eiskunstlaufwettbewerb stattfinden würde. Es war eine Woche, nachdem ich diesen mysteriösen Guru kennengelernt hatte. Schnell packte ich meine Trainingstasche, schnappte mein Kürkleid, schlüpfte in meinen Jogginganzug und rannte rasch zum Parkplatz.

Die Vorfreude auf das Ungewisse spiegelte sich in jedem Kieselstein, den Blättern der Bäume und dem Pflaster wider, auf den ich mit meinen Füßen trat. Wie glücklich war ich, dass genau heute dieser Tag gekommen war. Ein wenig später betrat ich das Eis, voller Vorfreude auf das, was ich in diesem Moment tun würde. Die Scheinwerfer ließen meine Silhouette erstrahlen, während ich meinen Blick auf ein Werbebanner richtete. Die Musik begann und ich begann schwungvoll über das Eis zu gleiten. Es war, als hätte ich nichts anderes in meinem Leben getan, als diese Elemente zu meistern. Applaus erfüllte die Halle, während ich noch in meiner letzten Pose verharrte. Mit einem Lächeln und strahlenden Augen kehrte ich zur Realität zurück. Zweimal verbeugte ich mich vor dem Publikum und genoss jeden einzelnen Augenblick. Denn diesen Zauber wollte ich immer und überallhin mitnehmen, in jede Ecke meines Lebens.

VARIATIONEN

Ich hatte noch einen Versuch, eine Version, eine CD. Als ich feststellte, dass der Koffer nie da war, war ich sehr enttäuscht. Die Wahrheit ist, dass ich wirklich in dieser Praxis war. Dort begann ich mit den Sitzungen. Alles andere war nur eine fiktive Vorstellung von allem, was in einer imaginären Welt passieren würde. Es war eine Variation von 'Es ist schon passiert', 'Es hätte passieren können' und manchem, was ich nicht erleben konnte. Denn heute saß ich in der improvisierten Eishalle und hörte seiner Rede zu. Was alles passieren kann, wenn wir daran glauben. Wie ein Schwamm sog ich seine Worte auf.

Die Halle war voller Menschen, jeder Sitzplatz war besetzt. Plötzlich kam jemand vom Sicherheitspersonal und musterte mich von Kopf bis Fuß. Ich blinzelte kurz, um zu signalisieren, dass ich nur eine harmlose Frau war. Er verschwand wieder hinter den Kulissen, und ich konzentrierte mich wieder auf die Rede. Zufälligerweise war mein Platz in der ersten Reihe. Ich war nah genug an der Bühne, um vielleicht einen Blickkontakt mit Julian zu erhaschen – wenn er mich angesehen hätte. Er prüfte sorgfältig meine Sitznachbarn, und als ich dachte, dass ich an der Reihe wäre, wechselte er erneut den Blickwinkel.

Mein Herz schlug hoffnungsvoll schneller. Verblüfft und mit zusammengebissenen Zähnen saß ich einfach da und beobachtete sein Gesicht, seine Bewegungen. Er wurde mir auf eine seltsame Weise vertrauter, denn er war ein gut aussehender Mann. Er hatte etwas Besonderes in seinen Augen, als wäre er der einsamste Mensch hier. Ich fühlte mich von ihm angezogen. In einem Moment strahlte er überglücklich, im nächsten wurde er traurig. Plötzlich begann er fröhlich zu lachen, doch dann verschwand das Licht in seinen Augen und Finsternis lag darin. Er war ein weiser Mann, der sich gleichzeitig zum Idioten machte, wenn er einen Witz oder eine Anekdote erzählte. Mit seinem schauspielerischen Talent fuhr er fort: „An einem Tag erhielt ich einen Anruf, der mein ganzes Leben veränderte. Mein Arzt teilte mir am Telefon mit, dass ich unheilbar krank sei. Könnt ihr euch vorstellen, wie ich mich damals gefühlt habe?" In dem Raum herrschte eine Stille, eine Energie, die ich mit Worten nicht beschreiben kann. Nichts schien sich zu bewegen. Liebevoll blickte er auf sein Publikum, und ich wusste, dass er jedem Einzelnen, der ihm heute zuhörte, helfen wollte, um ein wenig mehr Licht in diese Welt zu bringen. Mit offener Haltung und mitfühlendem Blick fuhr er fort: „Ich hatte so viel Angst, dass ich nicht in die Praxis gehen wollte. Ich war so unglücklich, dass ich wollte, dass jemand, der mir sehr nahestand, genauso litt wie ich.

Gleichzeitig wollte ich nicht, dass diese Person, dieser Mensch, den ich so liebte, mit mir leiden sollte. Das wollte ich wirklich nicht." Mit einer Handbewegung unterstrich er seine Worte. Die Scheinwerfer beleuchteten sein Gesicht, als er mir tief in die Augen sah. Ich hätte vor Freude aufspringen können und wünschte mir, für immer in seinem Blick verloren zu sein. Es war so schön dort. Jede Zelle meines Körpers prickelte vor Energie, und ich nahm nur noch das Strahlen der Lichter wahr. Ich fühlte mich unbesiegbar und so stark, dass nur noch tiefe Hoffnung in mir lebte. Es folgte eine lange Pause. Ich spürte keinen Boden mehr unter meinen Füßen. Mein logischer Verstand versuchte, alles zu erfassen, was er gerade sagte. Aber ich verstand doch nichts. Er schüttelte den Kopf und fuhr fort: „Stellen Sie sich vor, Sie sind jung und haben noch ein ganzes Leben vor sich. Sie fühlen sich jung und unsterblich. Und dann ruft Sie jemand an und sagt am Telefon: ‚Mein lieber Freund, dein Leben neigt sich dem Ende zu.' Ich war fast am Aufgeben, als ich letztendlich meine Liebe verlor."

In der Halle herrschte erneut eine solche Stille, dass ich seinen Atem hören konnte. Und ich schwöre, ich konnte auch seinen Herzschlag hören. Er sah mir erneut in die Augen, und da war wieder dieses Gefühl, als wüsste ich bereits alles, was ich wissen muss. Ich wandte meinen Blick ab, und erneut durchlief mich alles. Der Telefonanruf, das hemmungslose monatelange Weinen, schlechte Noten, beste Noten, Eiskunstlauf, Familie, all meine Höhen und Tiefen, Träume – alles wegen dieses einen Augenblicks.

Er biss sich auf die Lippen, richtete sein mobiles Mikrofon zurecht und machte mit langsamen Schritten einen Bogen über die Bühne. Er schaute ins Publikum, vermied erneut meinen Blick. Mir war klar, dass ich nicht die einzige Person war, wegen der er all das in Bewegung setzte. Ein kleiner Impuls war nötig, um die Menschheit zu verändern. Er nickte bestätigend und fuhr fort: „Man hat zwei Wege zur Auswahl – man kann aufgeben oder kämpfen. Ich entschied mich für Letzteres. Ich experimentierte mit Energie und arbeitete mit meinem besten Freund an verschiedenen Tönen. Wir komponierten Musik mit sehr niedrigen Schwingungen, kombinierten sie mit den Werken von Émile Coué, dem Schöpfer der Kraft der optimistischen Suggestion, und schrieben Texte dazu. Der letzte Dominostein ist ein Geheimnis. Jeder kennt diesen Stein, und für maximale Wirkung muss jeder Mensch in der Lage sein, ihn selbst zu finden. Andernfalls funktioniert das Ganze nicht. Es kann alles sein: eine Erinnerung, ein Kuss, ein Wort oder ein Gebet. Die Entscheidung liegt bei euch. Die Musik dient nur dazu, euch zu erinnern. Ich studierte Medizin in den Vereinigten Staaten und arbeitete übermüdet. Ich entdeckte andere Dimensionen, Zeitschleifen, unbegrenzte Realitäten. Und all das tragt ihr in euch, es ist in euren Zellen gespeichert. Alles, was hätte sein können, was nicht geschehen ist und was in der Zukunft kommen wird. Habt Mut und erkennt eure wahre Macht. Ihr seid ein vollkommenes Universum für euch allein. Vielen Dank, meine Lieben, dass ihr hier wart. Ich hoffe, wir begegnen uns noch einmal."

Das waren seine letzten Worte auf der Bühne. Mit glänzenden Augen verabschiedete er sich vor seinem Publikum, während ein gewaltiger Applaus durch die Halle brandete. Ich applaudierte, ohne meinen Blick von ihm abzuwenden. Schließlich schenkte er mir seine Präsenz, während die Scheinwerfer im Rhythmus einer Band sich bewegten. Drei Musiker spielten Saxofon, Piano und Geige. Wundervolle, himmlische Melodien erhellten diesen Ort.

„Marko, bist du es?", flüsterte ich leise, und er lachte, sein Gesicht zum Deckenlicht erhoben. Zufriedenheit strahlte über sein gesamtes Wesen. Er eröffnete mir einen neuen Blickwinkel auf diese Reise, und ich begann, an etwas zu glauben, das ich nicht benennen kann. Sicher ist dieser Stein, den ich im Verborgenen gefunden habe, aber ich weiß immer noch nicht, was das sein könnte. Der Sicherheitsmann kam erneut auf mich zu und bedeutete mir mit einer Handbewegung, ihm zu folgen. Ich sprang von meinem Sitz auf und ging geradewegs auf die dunklen, schwarzen Vorhänge zu, und schon war ich hinter der Bühne. Ob ich jemandem von meinen Reisen erzählen sollte? Bestimmt nicht. Eine Geschichte zu schreiben reicht. Ein perfektes Leben gibt es nur in Geschichten mit einem Happy End. Und diese Geschichte endet jetzt. Nehmen und geben, bekommen und verlieren, sind Gesetze, die sich ständig im Kreis drehen. Ob wir es verkraften können oder nicht, spielt keine Rolle.

Nur unterwegs auf unsere Forschungsreisen haben wir den freien Willen, die Entscheidung zu treffen. Ob wir sie später akzeptieren oder nicht, das ist schon eine andere Geschichte.

Gerade als ich die Schwelle dieses leeren Raums voller Ungewissheit überschreiten wollte, sah ich Julian in der Ferne. Er unterhielt sich mit einer jungen Frau, zeigte auf etwas an der Decke, lachte fröhlich und strich sich einmal durch seine wuscheligen Haare, als sich unsere Blicke trafen. Was alles hätte geschehen können, wenn dieser Anruf nie stattgefunden hätte? Ein Szenario spielte sich in meinen Gedanken ab, während ich ihn betrachtete. Was wäre passiert, wenn ich alles vergessen hätte? Dann wäre auch diese Begegnung irgendwie, als ob wir uns nie getroffen hätten. Die Frau ging zum Ausgang, und er blieb allein zurück. Er überließ mir die Entscheidung. In seinen Augen spiegelte sich alles wider, wonach ich gesucht hatte – was in jeder Faser meines Wesens fehlte. Es befand sich direkt vor mir, nur einen Schritt entfernt. Sein ernster Gesichtsausdruck hatte bereits alles verraten, wie es enden würde. Er war immer einen Schritt voraus, um Erkenntnisse zu sammeln. Mitten in allem hörte ich die Vibration meines Handys in meiner Tasche. Ich wollte es nicht, doch ich nahm das Telefon und las die Nachricht:

Ehemann: *Hallo Schatz, das Essen ist fertig. Ich warte auf dich. P.S. Ich liebe dich.*

Überrascht starrte ich auf meinen Bildschirm. Die Nachricht war echt. Ich sah, wie Julians Gesicht weicher wurde und er mich hoffnungsvoll anlächelte. ‚Du hast es die ganze Zeit gewusst', flüsterte ich ihm meine Worte zu, wissend, dass er mich nicht hören konnte. 'Leb wohl, Julian.'

Schweren Herzens verabschiedete ich mich von ihm, wohl wissend, dass wir uns nie wiedersehen würden. Auch wenn das nicht lange her war, fühlte es sich an, als wäre eine Ewigkeit vergangen. Vielleicht weil ich mich so schnell an mein neues Leben angepasst hatte. Jetzt brauchte ich nichts weiter als das, was ich hatte. Denn ich war heute so zufrieden wie noch nie zuvor in meinem Leben. Bei einer Reise durch die Zeit, der Erkundung eigener Lebensvariationen und der Erforschung zukünftiger Möglichkeiten offenbart sich die Welt in all ihrer Vielfalt und Schönheit. Sie wartet darauf, sich dir in all ihren Facetten zu zeigen. Um diese Entscheidungen treffen zu können, brauchst du nur eines: die

Liebe – jenes unsichtbare Band, das die Welt in ein strahlendes Licht taucht und uns ermutigt, das Abenteuer des Lebens voller Hoffnung anzunehmen.

DANKSAGUNG

Alle Figuren, Orte und Geschichten in diesem Buch sind rein fiktiv. Sie dienen der Unterhaltung, sollen zum Nachdenken anregen und auf eine neue Art dazu inspirieren, unsere Welt zu erforschen. Ich danke allen herzlich, die mein Buch gelesen haben, und hoffe, dass ich Ihnen auf Ihrem Weg ein wenig Freude und Trost schenken kann. Möge dieses Buch, eingebettet in all seine Fantasie, Spuren in Ihren Gedanken hinterlassen, die Sie dazu ermutigen, Ihre eigene Geschichte weiterzuerzählen.